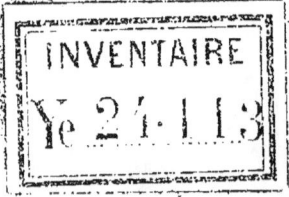

LES
HERBES DE LA SAINT-JEAN

CHANSONS

SUR DES MOTS DONNÉS ET TIRÉS AU SORT

PAR LES MEMBRES DU CAVEAU.

PARIS

IMPRIMERIE DE APPERT ET VAVASSEUR,

PASSAGE DU CAIRE, 54.

—

1854.

LES

HERBES DE LA SAINT-JEAN

CHANSONS

SUR DES MOTS DONNÉS ET TIRÉS AU SORT

PAR LES MEMBRES DU CAVEAU.

PARIS

IMPRIMERIE DE APPERT ET VAVASSEUR,

PASSAGE DU CAIRE, 54.

—

1854.

AVERTISSEMENT.

Les chansons, que contient ce petit recueil, ont été faites pour un Banquet annuel (dit *Banquet d'Été*), qui a eu lieu le 16 juillet 1854, à l'île Saint-Denis.

LES HERBES DE LA SAINT-JEAN

AVANT-PROPOS.

IMPROMPTU.

Air du *Fleuve de la vie.*

En campagne aussi bien qu'en ville,
Nous chantons au sein d' l'amitié,
Aussi pour fair' le vaudeville,
On n' nous *coup' pas l'herbe sous l' pié.*
Si nos voix ne sont pas superbes,
Nos couplets ont certain' verdeur ;
Ce sont, nous dira le lecteur :
　Des chants aux *fines herbes.*

Justin Cabassol,
Membre titulaire.

LES HERBES DE LA SAINT-JEAN.

ALLOCUTION DU PRÉSIDENT.

Air des *Comédiens*.

De la Saint-Jean nous célébrons *les herbes*,
Puisse chacun trouver pour sa chanson
Des traits d'esprit, qui s'élancent en gerbes,
Et de bravos faire une ample moisson !

Grâce à *Thorel*, la *chicorée* amère
Va devenir une douce boisson :
Et *Berruyer*, de sa plume légère,
Avec talent fait mousser le *houblon*.

En exhalant son parfum et son baume,
Mahiet nous offre une touffe de *thym ;*
Du *basilic Vignon* (1) chante l'arôme ;
Et *Jaybert* doit égrener le *plantain.*

Lorsque *Justin* présente la *cigüe*,
Loin de chercher à nous empoisonner,
Pour qu'elle soit ici la bien-venue,
Avec quel art il sait l'assaisonner.

(1) Les chansons sur *le basilic, le bluet, l'ortie* et *l'angélique*, n'ont pas été produites.

Van-Cleem dira combien sur cette terre
Avec la *mauve* on peut guérir de maux,
Mais, pour vanter sa vertu salutaire,
Il aura soin d'en rester... aux bons mots.

Giraud, ta muse est de douceur empreinte,
Ton vers charmant ne connaît pas le fiel,
Et sous tes doigts, nous allons voir l'*absinthe*
Se transformer en un rayon de miel.

En décrivant la charmante *verveine,*
Comme toujours, *Salin* va constater
Qu'il n'a jamais trouvé sa verve vaine,
Lorsqu'il s'agit d'écrire et de chanter.

Festeau saura nous prouver que pour faire
Une chanson, au tour vif et mordant,
Le mot donné ne fait rien à l'affaire,
Et que pour lui ce n'est pas le *chiendent.*

Chartrey si fort, en exprimant l'*oseille,*
Y trouvera du sel pour sa chanson ;
Le *pissenlit* de *Guillois* fait merveille,
Car il nous sert un plat de sa façon !

De traits piquants *Poincloud* orne l'*ortie ;*
Lagarde fait des siennes sur le *foin ;*

De *la lavande* honnêtement *Marie* (1)
Dit dans quels lieux on peut avoir besoin.

A *Cabaret* il sera très facile
De nous montrer, dans un joyeux refrain,
Combien sur terre il est toujours utile
De séparer l'*ivraie* et le bon grain.

Sur le *mouron* lorsque *Fournier* déploie
Tout l'arsenal d'un profond érudit,
Dans ses couplets il prouve qu'on l'emploie
Pour les serins... et les hommes d'esprit.

Duplan soutient qu'il faut, lorsque l'on chante
Le *serpolet*, être un fameux lapin ;
Et, comme il sait la rendre appétissante,
On aimera la *sauge* de *Charrin*.

Pour mieux nous dire à quoi sert la *mélisse*,
Montémont prouve, ainsi qu'en son printemps,
Qu'un chansonnier, dans l'amoureuse lice,
Peut être encore un carme à soixante ans.

Bugnot saura montrer que l'*angélique*
Est excellente en vers, comme en bonbons ;
Mais à *Toirac*, parfois un peu cynique,
Le sort malin devait dire : *gazons* !

(1) Ce mot échu à *Marie* a été traité par *Giraud*.

La *marjolaine* a *Gisquet* pour organe,
D'un frais bouquet il va nous faire don :
Et *De Calonne*, a bien d'autres qu'à l'âne,
Aura su plaire en chantant le *chardon*.

Que de montant, *Désaugiers*, se devine
Dans les couplets que tu vas nous donner,
Nous goûterons fort ta *moutarde* fine,
Bien qu'elle arrive... après le déjeuner.

En s'étendant à l'ombre d'un vieux chêne,
Témoin discret, à côté de Marton,
Protat parvient à démontrer sans peine
Que sur la *mousse* il n'a rien fait de bon.

De ses *bluets Saint-Amand* se couronne ;
Et *Lesueur*, au lieu d'une chanson (1),
Au Président, qui contre lui maronne,
Fait parvenir un poulet... sans *cresson*.

A l'œuvre donc ! prouvez, chers camarades,
Que j'ai bien su deviner vos penchants,
Et que chacun, sans les trouver trop fades,
Peut éplucher les *herbes* de vos chants.

Louis PROTAT.
Membre titulaire et Président.

(1) *Lesueur* avait écrit qu'il ne ferait pas sa chanson, a été produite depuis. (Voir page 26.)

LA MOUTARDE.

Air : *Mon pére était pot.*

Pensant, je ne sais trop pourquoi,
  Que j'avais du malaise,
Un jour le sort me fit l'envoi
  D'une certaine chaise ;
    Et dernièrement,
    Bien qu'assurément
  Ma santé fut gaillarde,
    Sans me venir voir,
    Il a cru devoir
  Me mettre à la moutarde.

Quand vous avez pris le moka
  Et votre petit verre,
Ce sujet qu'il me colloqua
  Ne vous sourira guère :
    J'en suis affecté,
    Mais quand la gaîté
  Se vieillit et se farde,
    Serais-je aujourd'hui
    Le seul homme qui
  S'amuse à la moutarde !

La *Côte-d'Or*, j'en fais l'aveu,
Mieux que moi sait la faire,
Car nous devons à son chef-lieu
Ce produit culinaire ;
Mettons bravement
Ce département
Sous notre sauve-garde,
Car, dans nos festins,
Nous buvons ses vins,
Et mangeons sa moutarde.

Dans un cas critique et pressant
Cette herbe crucifère,
Par son action sur le sang,
Peut vous tirer d'affaire ;
Au lieu d'en manger,
Au jour du danger,
En narguant la camarde,
Dut-on défaillir,
On fera bouillir
Ses pieds dans la moutarde.

A table, l'appétit aidant,
(Bien qu'un peu sybarite)
J'aime un morceau de bœuf sortant
Tout chaud de la marmite ;
Mais comme, après tout,
Il a peu de goût,
L'hôtel et la mansarde

Le préfèrent quand
Il a le piquant
Que donne la moutarde.

Lorsqu'on possède comme moi
Trois enfants en partage,
Les avoir constamment chez soi
C'est beaucoup trop d'ouvrage :
Pour que mes garçons
Sachent leurs leçons,
Sous une bonne garde
Les moutards sont mis,
Et j'ai, mes amis,
Conservé ma *moutarde.*

Elle n'a pas haussé ses prix,
Quand vins et comestibles
Semblent vouloir rendre à Paris
Les dîners impossibles ;
Otez d'un repas
Les mets délicats,
Mouton, filet, poularde,
Ajoutez le veau,
Que reste-t-il : l'eau,
Le pain et la moutarde !

Quand on me conduisait marmot
Voir les marionnettes,
La chemise qu'avait Pierrot
Était des moins proprettes ;

Le petit pantin,
L'air assez lutin
Et la mine blafarde,
Semblait s'être assis,
Non sur du cassis,
Mais sur de la moutarde.

Qu'au champ d'honneur nos vieux grognards
Aient bien rempli leur rôle,
C'est de la graine d'épinards
Qu'ils auront sur l'épaule ;
Mais qu'un jour blessés,
Ils soient menacés
De descendre la garde.
Ces nouveaux Bayard
Seront sauvés par
La graine de moutarde.

Vous me direz, hommes de bien
Qui cultivez les herbes,
Que ma chanson ne rime à rien :
Je vous trouve superbes !
Songez-donc que si
Le mot que voici
Eût pu séduire un Barde,
Le joyeux Piron,
Natif de Dijon,
Eut chanté la moutarde.

E. DÉSAUGIERS, Membre honoraire.

LA MAUVE.

Air : *Un homme pour faire un tableau.*

Es-tu donc droguiste-épicier ?
Protat, quelle mouche te pique ;
Quand tu veux nous associer
A tes goûts pour la botanique (1) ?
Mieux vaudrait, comme certain roi,
Me voir changer en bête-fauve,
Que de subir la dure loi
Qui me force à chanter la mauve !

Cependant, à payer son dû,
Ma pauvre muse est décidée ;
Mais mon esprit toujours tendu
Ne peut attraper une idée.
Rasant au loin les flots amers,
Moins effarée est une mauve,
Que moi courant après des vers
Qui n'exhaleront que la mauve !

(1) La série des mots donnés a été proposée par *Protat* et acceptée par le Caveau.

A seconder votre projet
Inutile est ma persistance :
Pour ce diabolique sujet
J'avoûrai mon incompétence.
Je cherche... je m'escrime en vain,
Et de la lice je me sauve ;
Que veut-on qu'un buveur de vin
Parvienne à tirer de la mauve.

Cette plante est un lénitif,
Dont un breuvage se compose :
C'est vrai !... mais, en définitif,
Je préfère prendre autre chose.
Pour déjeuner comme un prélat,
J'ai recours à monsieur de Bauve (1),
Car j'aime mieux le chocolat
Que la camomille ou la mauve !

Monsieur *Dufour* est un gaillard
Qui prend grand soin de sa personne :
Se couchant tôt, se levant tard,
Il possède gentille bonne.
Jalouse de le contenter,
Et se glissant dans son alcôve,
La belle vient lui présenter,
Tous les matins, sa fleur... de mauve !

(1) De Bauve et Gallois, fabricants de chocolat.

Clysophile, grand médecin,
Fait en tous lieux bonne recette :
Son régime est, dit-il, fort sain ;
Et voici quelle est sa recette :
Pendant qu'il rafraîchit le bas
A grand renfort d'eau de guimauve,
Il prescrit, à chaque repas,
Une décoction de mauve !

Ce breuvage, par lui vanté,
Lui fournit de grandes ressources ;
Mais moi qui cherche la gaîté,
Je veux puiser à d'autres sources !
Joyeux gourmand, joyeux buveur,
Dont le front n'est pas encor chauve,
Trop fade est pour moi la saveur
Qu'offre une tisane de mauve !

Pour n'être point pris en défaut
Sur cette affreuse rime en *auve,*
Sachez qu'il est, dans le Hainaut,
Un village nommé *Saint-Sauve :*
En Auvergne, je trouve encor
Les bourgs de *Saint-Sauve* et de *Tauve ;*
Et s'ils ne produisent pas d'or,
Je leur fais produire la mauve !

Toujours fidèle au règlement,
Bien ou mal j'ai payé ma dette,

Que chacun se montre clément
Pour cette faible chansonnette.
Quoique longtemps j'aie hésité,
Ma réputation est sauve ;
Je vois que, sans difficulté,
Vous avez avalé ma mauve !

Paul VAN-CLEEMPUTTE,
Membre titulaire.

L'IVRAIE.

AIR du *Protecteur* (de FESTEAU.)

Fléau de la nature,
Emblême des méchants,
Toi, qui crois sans culture,
Ivraie impure,
Disparais de nos champs,

C'était peu que l'orage
Et les vents rassemblés
Déchaînassent leur rage,
En fondant sur nos blés ;
L'enfer te fit éclore,
O comble de malheurs !

Pour ajouter encore
Aux célestes rigueurs.
Fléau de la nature, etc.

Ta présence funeste
Menace la moisson,
Et l'épi qu'elle infeste
Se change en noir poison.
Tel de la calomnie
Le souffle meurtrier
Étouffe le génie,
Dessèche le laurier.
Fléau de la nature, etc.

C'est en vain qu'on travaille,
Si, pour tout aliment,
On récolte la paille,
Au lieu du pur froment.
Puisque dans cette vie
Le mal se mêle au bien,
Mettons notre industrie
A rompre un tel lien.
Fléau de la nature, etc.

Quand leur azur éclate,
Faisons grâce aux bluets ;
Épargnons l'écarlate
Des coquelicots ; mais
Pour la pâle détresse
Épurons le bon grain :

Veillons, veillons sans cesse
A ce qu'elle ait du pain.
Fléau de la nature, etc.

De la pauvre glaneuse
Que deviendrait l'espoir,
Si l'ivraie odieuse
Venait à prévaloir ?
O ciel ! à sa prière,
Couvre nos moissons d'or :
Les épis sur la terre
Forment son seul trésor.

Fléau de la nature,
Emblême des méchants,
Toi, qui crois sans culture,
Ivraie impure,
Disparais de nos champs.

CABARET-DUPATY.
Membre correspondant.

LA MOUSSE.

AIR de *Julie*,
OU *J'en guette un petit de mon âge*.

Loin du tumulte et des bruits de la Terre,
Qu'emporte au loin le murmure du vent,

J'aime, guidé par l'ombre et le mystère,
Au fond des bois m'égarer en rêvant :
Mon cœur s'emplit d'une émotion douce,
Qu'éveille en moi leur aspect enchanteur,
Et sous un chêne, à l'abri protecteur,
 Je vais m'étendre sur la mousse.

J'ai fait des vers dès ma plus tendre enfance,
Mais mon début ne fut pas en chanson :
Aussi chez moi leur première influence
Se révéla d'une étrange façon :
Et maintenant que ma verve s'émousse,
J'essaye encor, mais sans y parvenir,
Comme autrefois à les faire venir
 Par une infusion de mousse.

Que de joueurs, luttant contre la veine,
Les poings crispés, et la poitrine en feu,
Courent après une espérance vaine
Sur le tapis d'une table de jeu :
C'est un plaisir que ma raison repousse !
Quand au lieu d'or de fleurs il est couvert,
Sans contredit, en fait de tapis vert,
 Je préfère un tapis de mousse.

Lorsque *Fanny* sur sa molle couchette
Discrètement vous invite à venir,
Méfiez-vous, car l'amour qui s'achète
Laisse parfois un cuisant souvenir :

Mais dans mes bras quand *Marton* se trémousse,
En admirant ses robustes attraits,
Je sais trouver sans crainte et sans regrets
   Le bonheur sur un lit de mousse.

Portant au loin son humeur vagabonde,
Changeant d'idée et de vocation,
Pierre, n'a pas, depuis qu'il est au monde,
Pu se créer une position :
Et tour à tour peintre, tailleur et mousse,
Il n'est encore aujourd'hui parvenu
Qu'à rappeler ce proverbe connu :
   « Pierr' qui roul' n'amass' pas de mousse. »

Mais en tout sens j'ai battu la campagne,
Certainement je n'ai pas réussi,
Vous préférez un verre de Champagne
A tous les vers que je vous chante ici :
Délivrons donc, avec l'aide du pouce,
Ce vin charmant, qui réjouit le cœur,
Que je vous verse à longs traits sa liqueur
   Pour vous faire avaler la mousse.

Louis PROTAT,
Membre titulaire et président.

L'ABSINTHE.

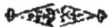

Air de la *Romance de Téniers*.

L'âme abattue et de tristesse atteinte,
J'allais rêvant à de fâcheux hasards,
Lorsqu'à mes pieds une touffe d'absinthe
Près d'une ruche attira mes regards.
A leur aspect, dans ma mélancolie,
Éclair de joie illumina mon ciel,
Et je me dis : gémir serait folie :
Près de l'absinthe on peut trouver le miel.

Lorsque je vis que sur l'absinthe même
L'abeille allait recueillir son butin,
C'était pour moi résoudre ce problême
Qu'un fait heureux naît souvent d'un chagrin.
Ainsi, pensai-je, un cœur plein de clémence,
Qu'on abreuva d'amertume et de fiel,
Sait opposer le bienfait à l'offense :
Près de l'absinthe on peut trouver le miel.

L'homme éprouvé, dont la philosophie
Comprend le jeu des choses d'ici-bas,

Sait découvrir dans les maux de la vie
Les biens féconds qu'un autre n'y voit pas.
Succès rapide est d'un charme éphémère ;
Humble fortune offre un bonheur réel
Quand on connut les pleurs de la misère :
Près de l'absinthe on peut trouver le miel.

Est-ce un ami, celui dont la faiblesse
Pour nos travers n'a que propos flatteurs !
L'amitié vraie est celle qui sans cesse
Avec égards résiste à nos erreurs.
Sa voix parfois peut paraître sévère ;
Mais, en suivant ce guide fraternel,
Le cœur s'épure et la raison s'éclaire :
Près de l'absinthe on peut trouver le miel.

Lise, les fleurs dont le printemps dispose
Venaient jadis embellir ta candeur,
Et la gaîté sur ton front blanc et rose
Faisait alors rayonner le bonheur.
Ta destinée est maintenant amère :
L'hymen sur toi pèse d'un joug cruel,
Mais tu connais la douceur d'être mère :
Près de l'absinthe on peut trouver le miel.

Contre son Dieu, ses foyers, sa patrie,
Quand l'étranger se montra menaçant,
Ce vieux soldat d'une ardeur aguerrie
Courut offrir le reste de son sang.

Lorsque la lutte allait être achevée,
Il succomba frappé d'un coup mortel ;
Mais sa patrie alors était sauvée :
Près de l'absinthe on peut trouver le miel.

Notre bonheur s'accroît par les contrastes ;
Près de l'erreur brille la vérité ;
Aux jours heureux il faut des jours néfastes ;
Sans la laideur que serait la beauté ?
L'aube nous charme en dissipant les ombres,
Et la vertu devant le criminel
Est comme un phare au milieu des flots sombres :
Près de l'absinthe on peut trouver le miel.

A chaque pas que l'on fait dans ce monde,
On voit crouler au choc des passions
Plus d'un trésor à la source inféconde,
Jeunesse, amour, fortune, illusions.
Sur ces débris si l'âme plus parfaite
Entrevoit Dieu dans un monde éternel,
Le calme enfin succède à la tempête :
Près de l'absinthe on peut trouver le miel.

L'absinthe, hélas ! me porte à l'homélie ;
C'est un sujet bien âpre à distiller ;
O mes amis ! que la vive saillie
D'amers accents vienne vous consoler.

De vos refrains que la prompte mesure
Fasse oublier mon luth trop solennel ;
Grâce à vos chants d'une joyeuse allure,
Près de l'absinthe on va trouver le miel.

Auguste GIRAUD,
Membre titulaire.

LE HOUBLON.

AIR : *Gai, gai, faut passer l'eau.*

Non, non, point de houblon :
Ah ! quel mot triste
On me lance à la piste !
Non, non, point de houblon :
Faut-il que l'on
Chante ici le houblon !

Le raisin promet
D'avoir du fumet,
Malgré Mahomet,
Qui très peu l'aimait ;
Et le fin gourmet,
Qu'à table on admet,

De boire permet
Sitôt qu'on s'y met.

Non, non, point de houblon :
Ah ! quel mot triste
On me lance à la piste !
Non, non, point de houblon :
Faut-il que l'on
Chante ici le houblon !

Laissons aux Flamands,
Blondins assommants,
Leurs amusements,
Vrais enterrements.
Gardons nos serments
Et nos sentiments
Aux départements
Plantés de sarments.

Non, non, point de houblon :
Ah ! quel mot triste
On me lance à la piste !
Non, non, point de houblon :
Faut-il que l'on
Chante ici le houblon !

L'Allemand chagrin,
De bière, sans frein,
Se remplit le rein,
Pour se mettre en train ;

Quand le pélerin
A, pour un florin,
Le jus souverain
Des coteaux du Rhin.

Non, non, point de houblon :
   Ah ! quel mot triste
On me lance à la piste !
Non, non, point de houblon :
   Faut-il que l'on
Chante ici le houblon !

Enfant d'Exeter,
Le gros lord Sutter,
Comme Jupiter,
Se croit dans l'Éther,
Quand, près d'un Chester,
Au café Laiter,
Il abreuve Esther
D'un affreux Porter.

Non, non, point de houblon :
   Ah ! quel mot triste
On me lance à la piste !
Non, non, point de houblon :
   Faut-il que l'on
Chante ici le houblon !

Le houblon grimpant,
A tout s'attrapant,

Semble du serpent
Le portrait frappant.
D'un aspect pimpant,
En festons il pend ;
Pour lui, tout dépend
D'être bien rampant.

Non, non, point de houblon :
Ah ! quel mot triste
On me lance à la piste !
Non, non, point de houblon :
Faut-il que l'on
Chante ici le houblon !

A. DE BERRUYER.
Membre honoraire.

NANETTE OU LE CRESSON,

RONDE.

AIR de la *Petite Jeanneton*,
ou *C'est la Petite Thérèse.*

Pour faire bonne cueillette,
Près du moulin à Simon,
Une gentille brunette
Quitte un matin sa maison.

Las! pourquoi, pauvre Nanette,
Aller cueillir le *cresson!*

La belle se croit seulette,
Mais, derrière elle, un garçon
De loin la suit en cachette,
Comme un loup suit un mouton.
Las! pourquoi, pauvre Nanette,
Aller cueillir le *cresson!*

Sa main blanche et joliette
Récolte une ample moisson,
Et sa besogne étant faite,
Elle remplit son giron.
Las! pourquoi, pauvre Nanette,
Aller cueillir le *cresson!*

La chaleur était honnête,
Se baigner lui paraît bon :
Elle ôte sa gorgerette,
Elle quitte son jupon.
Las! pourquoi, pauvre Nanette,
Aller cueillir le *cresson!*

Bientôt toute sa toilette
Est mise sur le gazon,
Et dans l'eau claire et doucette
Elle va d'un pied mignon.
Las! pourquoi, pauvre Nanette,
Aller cueillir le *cresson!*

Puis sans tambour ni trompette
Arrive notre garçon ;
Dans la rivière il se jette,
Et fend l'eau comme un poisson.
Las! pourquoi, pauvre Nanette,
Aller cueillir le *cresson!*

Il réjoint notre poulette
Et lui conte, sans façon,
Mille propos d'amourette
En caressant son menton.
Las! pourquoi, pauvre Nanette,
Aller cueillir le *cresson!*

Qui fut alors stupéfaite ?
C'est la gentille Nanon !
Fit-on jamais la causette
Sans l'ombre d'un caleçon !
Las! pourquoi, pauvre Nanette,
Aller cueillir le *cresson!*

La vertu de la fillette
Peut faire, hélas! le plongeon...
On croyait voir une ablette
Que lutinait un goujon.
Las! pourquoi, pauvre Nanette,
Aller cueillir le *cresson!*

Là finit l'historiette ;
Seulement notre garçon
S'en fut mettre sa brayette,
Et la fille son jupon :
Las ! pourquoi, pauvre Nanette,
Aller cueillir le *cresson* !

LESUEUR,
Membre honoraire,
Et Justin CABASSOL,
Membre titulaire.

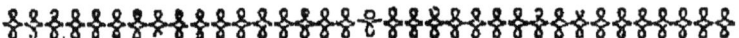

LA MARJOLAINE.

AIR : *Vite, Julie, à ma toilette* (de Bruyère).

Plantée en riante bordure,
La marjolaine, en mon jardin,
Forme un long ruban de verdure
Qui plaît à l'œil du citadin ;
    Unissons
    Et dressons
Ses pieds légers en élégants buissons ;
    De sa fleur,
    La paleur
La rend bien modeste;

Mais trop d'éclat devient funeste :
Plus d'un exemple nous l'atteste ;
Etre content du peu qu'on a
Le bonheur, le bonheur est toujours là.

Petite plante, on porte envie
A ton feuillage toujours vert,
Qui, pendant le cours de ta vie,
Ne craint ni l'été ni l'hiver :
  Les autans
  Attristants
Semblent pour toi les zéphirs du printemps ;
  Et toujours,
  Aux beaux jours,
  Quand Flore s'éveille,
Ta corolle ouverte à l'abeille
Offre un tribut pour sa corbeille ;
Jouir à deux du bien qu'on a,
Le bonheur, le bonheur est encor là.

Lorsque Louise à sa croisée
Vient chercher un air doux et pur
Ta tige par elle arrosée
Rajeunit, sous un ciel d'azur,
  Romarin
  Et Jasmin,
A tes côtés prospèrent sous sa main ;

Vos bouquets
Peu coquets
Ornent sa chambrette ;
Embellir la simple retraite
D'une gracieuse fillette,
Où son rêve d'or commença,
Le bonheur, le bonheur est encor là.

Tu brilles peu dans un parterre,
D'autres fleurs en sont l'ornement ;
Mais ta présence doit leur plaire
Pour les encadrer galamment.
Sans regret
Vois l'effet
De leur beauté, de leur brillant reflet ;
En un jour,
Tour à tour
Leur éclat s'efface ;
Et, tandis que leur règne passe,
Toi, tu fleuris fraîche et vivace ;
Reste au rang où Dieu te plaça,
Le bonheur, le bonheur est encor là.

GISQUET,
Membre honoraire.

LA LAVANDE.

Air de *L'Anonyme*.

A la Lavande une rose-trémière
Disait un jour inconsidérément :
— Sans hésiter, je donnerais ma chère,
Mon coloris pour ton parfum charmant.
— Vous sentiriez si j'ai lieu d'être en joie,
Répondit l'autre, en cachant sa pâleur,
Si vous saviez dans quel cas on m'emploie ;
Ah ! plaignez-moi d'avoir si douce odeur.

Quand le printemps de fleurs orna ma tête,
Qu'autour de moi j'ai su tout embaumer,
On me saisit : sans égard on me jette
Dans un réduit que je n'ose nommer.
Seule en mon coin, Dieu sait ce que j'endure !
Plus d'un objet outrage ma pudeur
Au naturel aussi bien qu'en peinture :
Ah ! plaignez-moi d'avoir si douce odeur.

Dans un jardin quand ma fleur embrasée
Avait souffert d'un soleil trop brillant,

Fort à propos la pluie ou la rosée
Rafraîchissait mon calice brûlant.
Mais dans ces lieux, où le malheur me guide,
Malgré ma soif, je recule d'horreur
Lorsque vers moi s'avance un doigt humide :
Ah ! plaignez moi d'avoir si douce odeur.

Sur la montagne, ainsi que dans la plaine,
Je craignais peu l'aquilon en courroux,
Et le zéphir, avec sa douce haleine,
Était pour moi du charme le plus doux.
Un jour, hélas ! au sein de la tempête,
J'opposerai le parfum de ma fleur
Aux vents affreux que l'automne m'apprête ;
Ah ! plaignez-moi d'avoir si douce odeur.

Dès qu'au matin s'entrouvrait ma corolle
A mes côtés l'abeille bourdonnait ;
Elle puisait, pour sa riche alvéole,
Les sucs exquis que mon sein contenait.
Un peuple ailé bientôt par ribambelles
Viendra vers moi glaner avec bonheur ;
Mais de quel miel chargera-t-il ses ailes ?
Ah ! plaignez-moi d'avoir si douce odeur.

Sous le berceau, témoin de ma naissance,
Lise rêveuse avec grâce venait
Lire en secret, le cœur plein d'espérance,
Les billets doux que l'amour lui lançait.

Certes, je vais revoir dans le mystère
D'autres billets, mais d'une autre couleur,
Et leur usage... hélas ! je dois le taire !...
Ah ! plaignez-moi d'avoir si douce odeur.

Près du bosquet, où ma racine habite,
Le rossignol m'enchantait de sa voix,
Je recevrai désormais la visite
De bons vivants, de chansonniers grivois ;
Mais le dîner change un peu leurs allures,
Je n'entendrai, déplorable rigueur !
Que longs hoquets suivis d'éclaboussures ;
Ah ! plaignez-moi d'avoir si douce odeur.

Si, comme vous, j'avais la feuille immense
Parfois docile à la nécessité,
Après avoir subi certaine offense,
Je reprendrais au moins ma liberté.
On me dira que je sers de couronne
Au siége, où peut aller un empereur ;
Mais savez-vous ce que contient ce trône ?
Ah ! plaignez-moi d'avoir si douce odeur.

Je sens fort bon, partout je l'entends dire...
Et cependant, par une étrange loi,
Chaque mortel, en éclatant de rire,
Bouche son nez dès qu'on parle de moi !

Mon nom soudain rappelle un sanctuaire,
Où l'on ressent l'aisance ou la douleur
Suivant le cours de ce qu'on y peut faire ;
Ah ! plaignez-moi d'avoir si douce odeur.

Que n'ai-je, hélas! un parfum éphémère,
Au sein d'un monde élegant, raffiné,
Auprès de vous, belle rose-trémière,
Je n'aurais pas un sort empoisonné.
N'approchez pas, même de la fenêtre,
Du tronc fétide, à l'ardente vapeur,
Au fond duquel je devrai disparaître,
Dès que j'aurai perdu ma douce odeur.

En écoutant jusqu'au bout ce langage,
Je me disais : de même parmi nous,
On voit le sot mieux traité que le sage,
Et l'homme utile abreuvé de dégoûts.
Mais cette fois je fis tourner la chance,
Mon héroïne eut un destin meilleur,
Dans un sachet, brodé des mains d'Hortense,
Elle exala longtemps sa douce odeur.

Auguste GIRAUD,
Membre titulaire.

LE CHARDON.

Air de *Pilati*.

Si du chardon qui, sans culture,
Hérisse souvent nos guérets,
Mon esprit avait la nature,
Aisément je composerais :
Mais, hélas! de cette abondance
Je n'ai pas obtenu le don,
Et, je le dis en conscience,
Je crains d'aborder le chardon.

Mon sujet est piquant sans doute,
C'est par là surtout qu'il me plaît :
Aussi faut-il, coûte que coûte,
Que j'en tire plus d'un couplet.
Sur tous les tartufes du monde,
Quand ma muse lance un lardon,
Que n'est-elle encor plus féconde
En traits aigus que le chardon?

Mais j'avouerai que je déteste
Ce parasite de nos champs,
Il faut pourtant, plante funeste,
Que je te consacre mes chants.

De l'âne tu fais les délices,
Sur toi se pose le bourdon ;
Je serais un de leurs complices
En vantant ici le chardon.

Si la rose a reçu des armes,
La main qu'elle vient de blesser,
A la cueillir trouve des charmes,
Et se plaît à recommencer.
Son doux parfum, de la blessure
Lui fait obtenir le pardon ;
Mais, par dépit de sa piqûre,
Nous foulons aux pieds le chardon.

Une bienveillante critique
Est très utile ; je le crois,
Sans nous blesser, elle nous pique,
Et nous corrige quelquefois.
Mais les traits que lance un Zoïle,
Que je retrouve dans Fréron,
Trempés dans le fiel et la bile,
Sont la blessure du chardon.

On nous dit qu'un malin poète
De chardons fit un abattis,
Pour condamner à la disette
Les habitants de son pays.

Je ne suis pas plus charitable
Envers les sots que feu Piron,
En proscrivant de notre table
Ceux qui sont dignes du chardon.

Du vieux Silène la monture
Ne va jamais qu'à petits pas ;
De Pégase caricature,
Au Parnasse on ne l'admet pas.
Si quelqu'un de vous me condamne,
Je me ris du qu'en dira-t-on.
Vous m'avez traité comme un âne,
En me proposant le chardon.

F. DE CALONNE,
Membre honoraire.

L'OSEILLE.

Air de l'*Artiste*,
Ou : *Attendez-moi sous l'orme.*

Pour bien chanter l'oseille
Faisons un noble effort ;
C'est ce que me conseille
L'impitoyable sort.
Que ma rime soit pure ;
Soyons plein de l'objet,

Ma réussite est sûre
Autant que mon sujet.

Jetant du sel attique
Quelque peu dans mes vers,
D'un sombre romantique
J'évite les travers ;
Mais pour faire merveille
Et parer mon début,
Je n'ai qu'un sel d'oseille ;
Atteindrai-je mon but ?

Que de gens dans la boue
Se vautrent sans pudeur !
Sel d'oseille, on te loue :
On connaît ta valeur.
Sur qui porte panaches,
Sur qui sait filouter,
Bon Dieu ! qu'il est de taches
Que tu ne peux ôter !

L'autre jour, dans la plaine,
Lise gaîment plantait
De la vigne prochaine ;
Son berger la guettait.
Tout bas, à son oreille,
Il dit sans biaiser :
Quand tu plantes l'oseille,
Je te plante... un baiser.

En épluchant l'oseille
Jeanne réfléchissait ;
Sa taille lui conseille
D'élargir son corset.
L'oseille en son auberge
A, dit-on, des vertus,
Car elle est encore vierge,
Et Jeanne ne l'est plus.

En suivant à la piste
Ce chien de mot donné,
Mon œuvre est assez triste,
J'ai bien mal chansonné,
Et mon idée éparse
Ne jette aucun reflet ;
Cependant une farce
Naissait de mon sujet.

CHARTREY.
Membre titulaire.

LA VERVEINE.

Air de la *Treille de sincérité*.

O muse ! réchauffe ma veine,
Je dois aujourd'hui, pour raison
Mettre la verveine
En chanson.

La verveine s'il faut que j'entre
Dans un détail particulier,
A calice et stygmate au centre,
Corole à lobe irrégulier,
Tige striée et purpurine,
Feuille ovale et parfum subtil
Terminal, semence, étamine,
Je ne parle pas du pistil !
O muse ! réchauffe ma veine, etc.

Cette plante très curieuse
D'après Linnée et Tournefort (1),
Fut l'objet d'une foi pieuse
Chez les adorateurs de Thor (2)
Avec le vieux Gui (3) druidique
On prétend qu'elle présida
Dans les forêts de l'Armorique
Aux mystères de Velleda ! (4)
O muse ! réchauffe ma veine, etc.

De ses faits, l'histoire fourmille
A Rome, au moment solennel,

---

(1) Linnée et Tournefort, célèbres botanistes.
(2) Thor, divinité scandinave.
(3) Le gui, plante parasite que l'on rencontre sur certains arbres, et qui servait dans les cérémonies sacrées chez les gaulois.
(4) Velleda, divinité celtique.

De Jupiter, ce Dieu bon drille,
Elle purifiait l'autel,
Belle de sa noble auréole,
La Grèce, au temps de ses succès,
L'avait prise pour le symbole
De la victoire et de la paix !
O muse ! réchauffe ma veine, etc.

Pour traiter à fond cette plante,
Je dois vous dire *e veteris*
Que le *Petit Albert* la vante
Sous ce nom : *herba veneris !*
Il nous affirme en sa simplesse
Qu'elle augmente (et c'est attesté),
Chez les épouses la tendresse,
Chez les maris la fermeté !
O muse ! réchauffe ma veine, etc.

Une légende sans pareille
Célèbre dans tout le Morvan,
Dit qu'il faut la cueillir la veille
De la fête de la Saint-Jean ;
Que si celui qui la possède
Souffrait antérieurement,
Il trouve en elle un prompt remède,
Prise postérieurement !
O muse ! réchauffe ma veine, etc.

Dans un temps, dont rit le sceptique,
Du corps de l'homme au mal enclin,
Cette plante, heureux spécifique
Savait chasser l'esprit malin.
Pourquoi sa vertu salutaire
Ne chasse-t-elle nos discords ?...
Elle aurait pourtant fort à faire...
Tant de gens ont le diable au corps !
O muse ! réchauffe ma veine, etc.

Elle enlève fièvre, engelures,
Farcin, colique, et, sans affront,
Elle dissipe les enflures,
Et réduit les bosses au front ;
Elle guérit de la migraine,
Des morsures du loup-garou,
On en fait un thé, qui, sans peine,
Vaut celui de *mâme Gibou !*
O muse ! réchauffe ma veine, etc.

Mais il est temps que je m'arrête,
Le bec de ma plume est obtus,
De la Verveine en ma bluette
J'ai voulu nombrer les vertus.
Si quelqu'un critique ma liste,
Qu'il aille, s'il n'est indulgent,
De ma part, chez son herboriste...
Il en aura.... pour son argent !

Muse ! tu réchauffas ma veine,
Avec ou sans rime et raison
J'ai mis la verveine
En chanson !

A. SALIN,
Membre honoraire.

LA MÉLISSE.

Air du vaudeville de *Florian*.

Le sort m'est donc propice enfin :
Il sut répondre à ma pensée,
Quand de l'abeille au suc divin
La plante me fut dispensée.
Impatient de voltiger
Aux lieux chers à la docte lice,
Prêtez-moi votre esprit léger,
Pour mieux célébrer la *mélisse*.

La mélisse a de *mélissa*
Pris nom : c'est celui de l'abeille ;
L'abeille un jour le lui glissa,
En suçant des fleurs la corbeille ;

Riche d'un bien essentiel
Qu'elle recueille avec délice,
Cette aimable fille du ciel
Paie un tribut à la *mélisse*.

De même qu'en son libre essor
Au travail l'abeille s'empresse,
En butinant son pur trésor
Au sein des fleurs qu'elle caresse ;
Ainsi vers le double vallon,
Soldat de la docte milice,
Je prépare un échantillon
De ma poétique *mélisse*.

Entre la verveine et le thym,
L'active abeille s'ingénie ;
Et de même, soir et matin,
S'exerce la main du génie.
S'il faut que du tribut des fleurs
Souvent la ruche se remplisse,
Le génie, aux vives couleurs,
Se rafraîchit par la *mélisse*.

De cette plante le pouvoir,
A qui l'art donne certains charmes,
Contre les maux qu'on peut avoir
Nous a composé l'*eau des Carmes*.

Faiblesse, ou colique, ou torpeurs,
Migraine au terrible supplice,
Vertige, ou syncope, ou vapeurs,
Tout se guérit par la *mélisse*.

Breuvage utile à la beauté,
Comme aux disciple d'Hippocrate,
La mélisse a la faculté
De nous désopiler la rate ;
Et de *Cologne* le produit,
Parfumant et châle et pelisse,
Doit l'attribut qui nous séduit
Aux qualités de la *mélisse*.

Contre plus d'un penchant maudit,
Elle devient un spécifique ;
La bégueule et l'homme en crédit
Vantent sa vertu pacifique.
Plus d'un ambitieux parfois,
Qui des soucis but le calice,
Alors qu'il était aux abois,
Eut recours à l'eau de *mélisse*.

Dans un accès de bonne humeur,
Notre incomparable Molière,
De Tartufe, habile endormeur,
Lui rend l'ardeur plus familière.

A la fine Elmire aux doux yeux,
Le saint homme offre sa réglisse ;
Elle aurait encore aimé mieux
Un petit flacon de *mélisse*.

Tandis que, sous d'habiles mains,
La mauve, l'oseille ou l'absinthe,
D'Hélicon bordant les chemins,
Du goût envahiront l'enceinte ;
Satisfait de l'humble parcours
De ma bluette sans malice,
Puissé-je, en cet herbeux concours,
Sauver des sifflets ma *mélisse !*

Albert MONTÉMONT,
Membre honoraire.

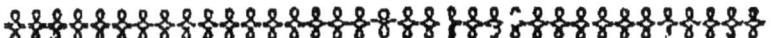

LE PISSENLIT.

Air : *Quel art plus noble et plus sublime.*

Je savourais de la paresse
Le *far niente* si séduisant,
Lorsqu'un billet à mon adresse
Est venu causer mon tourment.

Allons ! que ta verve s'allume !
Me disait ce papier maudit.
Quitte le duvet pour la plume,
Il faut chanter le pissenlit.

Puisque du sort impitoyable
L'arrêt ne peut se réformer,
Ce sujet que je donne au diable,
Je tâcherai de le rimer.
Mais, pour vous, il serait moins fade,
Je le déclare sans façon,
Si je le mettais en salade,
Au lieu de le mettre en chanson.

De son usage en médecine,
Faut-il vous tracer le tableau ?
Dois-je dire que sa racine
Guérit la fièvre et le carreau :
Que ses feuilles apéritives
Ouvrent puissamment l'appétit,
Ou qu'à ses vertus détersives
Il doit le nom de pissenlit.

Non ! je préfère cette tige
Source d'oracles indiscrets,
Qui, par un étonnant prestige,
Du cœur divulgue les secrets.
Malheur à fillette qui glose,
Et qu'un souffle impuissant trahit.

Son chapeau virginal repose
Sous l'aigrette du pissenlit.

Les métamorphoses d'Ovide
Eurent pour moi beaucoup d'appas,
Je les lisais d'un œil avide,
Seulement je n'y croyais pas.
Aujourd'hui, sans nulle chicane,
J'adhère à tout ce qu'on y lit,
Car deux ou trois pots de tisane
Me transforment en pissenlit.

Souvent, au déclin de la vie,
Par un doux rêve on est bercé,
Qui rappelle à l'âme attendrie
Quelques souvenirs du passé.
S'ils nous retracent de l'enfance
Les plaisirs, les jeux favoris,
Nous regrettons de l'existence
L'âge où nous étions pissenlits.

Vous, que de faciles conquêtes
Séduisent au temps des amours,
Ménagez les doux tête-à-têtes,
Songez parfois à vos vieux jours.
Quiconque épuise sa jeunesse,
Bientôt, hélas ! se décrépit,
Et quand arrive la faiblesse,
On n'est plus qu'un vieux pissenlit.

Ici, mes amis, je m'arrête,
Car je remarque avec dépit
Certain critique qui s'apprête
A souffler sur mon pissenlit.
Certes, je n'ai pas fait merveille
De ce mot qui me semble impur ;
Mais si l'on m'eût donné l'oseille,
Mon succès eût été plus sûr.

GUILLOIS.,
Membre associé.

SOCRATE

OU LA CIGUE.

> « Sophocle est sage, Euripide est
> plus sage, mais Socrate est le plus
> sage de tous les hommes. »
> LA PYTHIE.

AIR de *Philoctète* (DE MARCILLAC).

Pour nous donner une haute leçon,
Près du plaisir Dieu fit naître la peine ;
Puis il plaça dans la fertile plaine
Près de l'épi le funeste poison ;

Dois-je chanter ici ta bien venue,
Herbe fatale aux sages incompris ?
Muse, pour elle exhale ton mépris :
Socrate est mort en buvant la ciguë !

A ce grand nom cher à l'humanité,
D'un saint respect notre âme est attendrie !...
Trente tyrans oppriment sa patrie,
Il les combat au cri de liberté !
L'ambition de pourpre revêtue,
Bientôt hélas ! lui ravit tout espoir :
Critias s'enivre au banquet du pouvoir,
Socrate meurt en buvant la ciguë !

Alcibiade au début de ses ans
Du philosophe écouta la sagesse ;
Mais, emporté par sa vive jeunesse,
Plus tard il cède à la fougue des sens.
Dans son humeur frivole, dissolue,
Il va frondant les studieux loisirs :
Ce fou brillant vit au sein des plaisirs,
Socrate meurt en buvant la ciguë !

Ami des mœurs, mais sensible aux amours
Dans son bel âge il courut sur leurs traces ;
Avec pudeur sacrifiant aux Grâces,
Près d'*Aspasie* il passa d'heureux jours,

Il abhorrait toute femme perdue,
Livrant à tous ses appas effrontés ;
Lorsque *Laïs* meurt dans les voluptés,
Socrate meurt en buvant la ciguë !

La calomnie est l'opprobre de l'art,
A son aspect la scène est avilie ;
Honte à l'auteur qui transforme *Thalie*
En *Euménide* agitant un poignard !
Athène ingrate à la fois prostitue
Vertus et gloire à de lâches travaux :
Aristophane est couvert de bravos,
Socrate meurt en buvant la ciguë !

Quand *Anytus* taxe d'impiété
Le précurseur de la *bonne nouvelle*,
Socrate dit : « Notre âme est immortelle ;
» Ma raison croit à la divinité. »
Sage, tais-toi !... la sentence est rendue !...
Dans un festin le sophiste odieux
Boit le chios en l'honneur des faux dieux,
Socrate meurt en buvant la ciguë !

JUSTIN CABASSOL,
Membre titulaire.

PRÉFACE POUR LA CHANSON DU FOIN.

Air : *J'arrive à pied de province.*

Foin du destin qui me donne
    Le foin pour sujet ;
Il traite donc ma personne
    Comme un vrai baudet.
De cette herbe malhonnête
    Je n'ai pas besoin :
Je ne suis pas une bête
    A manger du foin.

Mais pourtant, en conscience,
    Dans ce gai festin,
Nous devons obéissance
    Aux lois du destin.
Je ne saurais m'en défendre
    De près ni de loin :
De mon mieux je vais m'étendre
    Messieurs, sur le foin.

LE FOIN.

Air : *C'est l'amour, l'amour, etc.*

En avant, jeunes garçons,
    Filles,
  Prenez vos faucilles :
Le foin est mûr, les moissons
  Appellent vos chansons.

Aujourd'hui, toute la nature
Resplendit, brillante à vos yeux,
Et ces beaux tapis de verdure
Sont bien faits pour les amoureux.
    Fillettes au teint rose,
    Evitez avec soin
    De perdre quelque chose
    Dans les meules de foin.
En avant, jeunes garçons, etc.

C'est dans le foin que la fauvette
Pour ses petits va récolter ;
C'est là qu'au printemps la fillette
Ecoute le pinson chanter ;
    De ces oiseaux fidèles
    Son cœur semble jaloux :
    Lorsqu'ils battent des ailes,
    Elle rêve un époux.
En avant, jeunes garçons, etc.

Amants, voici l'instant propice
Pour unir à jamais vos cœurs ;
Je *t'aime* est un mot qui se glisse
Sous les foins comme sous les fleurs ;
    Là, gaîment embrassée
    Par un hardi voisin,
    La jeune fiancée
    Sent palpiter son sein.
En avant, jeunes garçons, etc.

Le soir, lorsque la chaleur cesse,
Vous entendez les chants joyeux ;
Un gai refrain de sa jeunesse
Revient à l'esprit du plus vieux :
    Il entame une ronde
    Qui plaît aux villageois,
    Et chacun le seconde
    D'une éclatante voix.
En avant, jeunes garçons, etc.

Parfois même, une châtelaine
Se mêle aux rustiques travaux ;
Et, fourche en main, va dans la plaine
Faner aussi les foins nouveaux ;
    De son fils, de sa fille,
    C'est le plus doux loisir :
    Travailler en famille
    Est toujours un plaisir.
En avant, jeunes garçons, etc.

Le foin est chose précieuse :
Des bestiaux c'est le pain blanc ;
De foin une couche moëlleuse
Aux villageois sert de divan.
  Deux amants, qu'en cachette
  Un lien tendre unit,
  Ainsi que l'allouette,
  Y font souvent leur nid.
En avant, jeunes garçons, etc.

O toi, qui des biens de la terre
Es le maître et le créateur,
Dieu puissant, sois toujours un père
Pour le pauvre cultivateur ;
  Guide sa destinée,
  Pourvois à ses besoins ;
  Donne-lui, chaque année,
  Et les blés et les foins.

En avant, jeunes garçons,
  Filles,
  Prenez vos faucilles,
Le foin est mûr, les moissons
  Appellent vos chansons.

      J. LAGARDE,
      Membre titulaire.

LE SERPOLET.

Air de *Pilati*.

Mes amis, si dame nature
Des lapins m'eût donné le goût,
Loin de faire triste figure,
De sentir mon esprit à bout :
Je voudrais, d'une voix sonore,
Aidé d'un joyeux flageolet,
Chanter ici jusqu'à l'aurore
Le mérite du serpolet.

Mais je le dis avec franchise,
Sur ce mot tant soit peu bouffon,
Craignant de faire une sottise,
J'ai voulu consulter Buffon :
Et je vais, de par ce grand maître,
Bien qu'il soit assez incomplet,
En mes chants vous faire connaître
Ce qu'il a dit du serpolet.

Quand l'azur du ciel se marie
Aux rayons brûlants du soleil ;
Alors que les bois, la prairie
Présentent un aspect vermeil,

A vos pieds une faible plante,
A mince tige, à gris reflet,
Répand une odeur enivrante :
Vous marchez sur le serpolet.

S'il n'a pas l'éclat de la rose,
Son parfum a plus de douceur ;
Aux doux pensers il vous dispose,
Et sait rajeunir plus d'un cœur ;
Et je crois que mainte bergère
Donna... plus qu'elle ne voulait,
En s'étendant sur la fougère...
Pour respirer le serpolet.

Dans une terre sablonneuse
Il pousse avec vivacité ;
Sa nature sèche et nerveuse
Succombe dans l'humidité.
Je comprends cette hydrophobie,
Et pour ma part, s'il me fallait
Avec de l'eau passer ma vie,
J'aurais le sort du serpolet.

Dans plus d'un mets il tient sa place,
Et grâce à sa tendre saveur,
D'une façon fort efficace
Il en corrige la fadeur ;

De certains ragoûts quand je mange,
Je ressens un plaisir complet,
Si j'y trouve un heureux mélange
Et de thym et de serpolet.

Mais il est temps que je m'arrête ;
Mon auteur n'en dit pas plus long.
En vain je me creuse la tête,
Le sujet devient trop profond :
Et puis mon cœur se bouleverse,
Tant je crains que plus d'un sifflet,
Fondant sur moi comme une averse,
Fasse mourir mon serpolet.

Stéphen DUPLAN,
Membre titulaire.

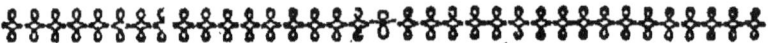

LE MOURON.

AIR : *Et voilà comme tout s'arrange.*

Le mouron ! voilà le sujet
Que m'adjuge un destin bizarre ;
Parole d'honneur, on devrait
En pareil cas, vous crier gare !

Pour traiter ce mot peu bouffon
Qui jamais accorda la lyre ?
Que Linné, Tournefort, Buffon
Le chantent... moi, sur le mouron
Je ne trouve rien à vous dire.

Qui ne connaît ce calembour :
« La femme éminemment sensible
« Est la beauté de carrefour,
« Qui, sur une note impossible,
« Crie, à l'instar des contr'altos,
« Avec un accent qui déchire :
« Mourons pour les petits oiseaux... »
Excepté ce vieux jeu de mots,
Je ne trouve rien à vous dire.

Ah ! que ne puis-je, à ce propos,
Tenir, pour passer mon caprice,
Un de ces jolis passereaux,
A l'œil mignon, au duvet lisse...
Je donnerais du frais mouron
Et la becquée au petit sire,
Mon doigt lui servant de bâton...
Las ! je n'ai pas cet oisillon,
Et ne trouve rien à vous dire.

Bienheureux ceux qui du scrutin
Ont tiré, d'une main propice,

Bluet, moussse, lavande, thym,
Absinthe, angélique et mélisse,
Pissenlit, ortie et chardon,
Peuvent prêter à la satyre ;
Vantez chicorée et cresson,
Moutarde, chiendent... du mouron
Je ne trouve rien à vous dire.

Au hasard de mon lot pourtant
Je ne veux pas garder rancune :
Et je m'attendris en comptant
Bien des compagnons d'infortune.
Ainsi, le chantre du plantain
Usant du droit de le maudire,
S'écriera, d'un ton peu serein :
« Me prenez-vous pour un serin ?
« Je ne trouve rien à vous dire. »

« Lit de verdure, affaissez-vous
« Sous les appas d'Eléonore :
« Mais sur le champ relevez-vous ;
« Car les jaloux veillent encore. »
Parny, dans un tendre abandon,
Près de sa belle qui soupire,
Ainsi s'adresse au vert gazon ;
Mais il aurait dit au mouron :
« Je ne trouve rien à vous dire. »

Je pense que j'ai désormais
Assez parlé *pour ne rien dire ;*
Et qu'à chacun de mes couplets
Vous vous demandez s'il faut rire.
Eh ! bien, non... faiseurs de refrains,
Chantez, d'une voix attendrie,
Mais pas sur l'air des Girondins,
Trop connu des contemporains :
« Mourons, mourons pour la patrie ! »

C. FOURNIER.
Membre titulaire.

LA CHICORÉE.

AIR : *Contentons-nous d'une simple bouteille.*

O chicorée ! on veut que je te chante,
Moi qui jamais n'aimai que les douceurs !
Un sort fatal m'assigne cette plante ;
Tu vois, Babet, l'excès de mes malheurs ;
Je dinerai, mais c'est par complaisance,
Car de douleur je me sens étouffé !
Allons, Babet, un peu de conscience,
Sans chicorée apprête mon café.

Ai-je besoin d'un surcroît d'amertume?
De jour en jour mon ventre s'arrondit,
Et, lorsqu'il prend cet énorme volume,
En même temps s'éteint mon appétit ;
Pauvre estomac, que devient la puissance
Que te donnait un repas bien truffé !
Allons, Babet, un peu de conscience,
Sans chicorée apprête mon café.

Quoi, tu prétends que cette herbe maudite
Café, salade, ou sirop, fait du bien,
Qu'un médecin souvent te l'a prescrite,
Moi je soutiens qu'elle n'est bonne à rien !
Dans tes propos il faut plus de prudence,
Quand de courroux je suis ébouriffé !
Allons, Babet, un peu de conscience,
Sans chicorée apprête mon café.

J'ai du chagrin, Babet, sois donc aimable,
A mes bontés attache plus de prix,
Songe à ce jour à jamais détestable
Où ton cousin avec toi fut surpris !
Pour te punir de sa vive éloquence,
Par mon bâton il fut apostrophé !
Allons, Babet, un peu de conscience,
Sans chicorée apprête mon café.

Contente-moi, j'oublirai ta faiblesse
Et les ébats de tes ardents plaisirs;

J'écarterai le tableau qui me blesse
Pour caresser de plus doux souvenirs ;
Rappelle-toi quelle fut ma vaillance
Quand brusquement de toi j'ai triomphé !
Allons, Babet, un peu de conscience
Sans chicorée apprête mon café.

Je suis heureux, la fève d'Arabie
Jette en mes sens un charme séducteur ;
Le triste état de mon âme engourdie
Cède au parfum de ce philtre enchanteur ;
J'ai bien dîné, et même fait bombance,
Par le moka mon cœur s'est réchauffé !
Bonne Babet, j'aime ta conscience,
Sans chicorée est venu mon café.

THOREL-SAINT-MARTIN.
Membre titulaire.

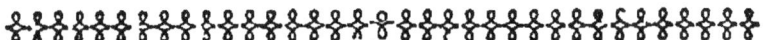

LA SAUGE ET LE THÉ.

FABLE.

Pour l'empire chinois la Sauge désertait
La France, son pays, et le Thé de la Chine
  Pour visiter la France s'exilait.
    L'une pensait en médecine

Faire merveille, et croyait à Pékin
Avoir droit de cité, peupler plus d'un jardin ;
L'autre de ce Paris, le paradis du monde,
    Où la gent gastronome abonde,
  En guérissant les indigestions,
      Rêvait honneurs, ovations.

    Le Thé, la Sauge à moitié route
Se trouvent en présence, et nos deux voyageurs,
    De fatigue épuisés sans doute,
Jasent en savourant du repos les douceurs.
Ils deviennent amis pendant la causerie.
Thé chinois, thé français (1) sont pour le moins cousins
    Si l'on en croit les médecins.

    — Ma commère, je le parie,
Un peu par intérêt, beaucoup par vanité,
  Ainsi que moi tu quittes ta patrie ?

    — C'est vrai, répond la Sauge au Thé.
  Où je naquis j'ai le désavantage
De ne jamais me voir priser ce que je vaux ;
J'y reçois l'épithète infâme de *sauvage,*
D'une foule d'ingrats dont j'ai guéri les maux.
Pourtant j'ai des vertus anti-spasmodiques,
      Stomachiques
       Et toniques ;

---

(1) La Sauge officinale (*Salvia officinalis*), se nomme aussi *Thé français.*

Ce que j'ai fait on feint de l'ignorer.
    Je vis obscure, dois-je l'être?
    Non, je ne pouvais demeurer
    Sous le ciel où l'on me vit naître.
En Chine dignement je me suis fait connaître ;
Je m'y rends, la raison m'en donne le conseil ;
Le divin fils du Ciel (1), dans son immense empire
Me fera noblement large part au soleil,
    Et j'y tiendrai le rang auquel j'aspire.

Moi, réplique le thé, l'on me prise beaucoup ;
    Je flatte l'odorat, le goût,
    Je suis utile aux gastronomes
Quand ils ont trop mangé, défaut habituel,
    Ils seraient dans un cas mortel,
Si je n'étais connu, très connu de ces hommes
Qui flairent d'une lieue un bon maître-d'hôtel.
    En France on fait excellente cuisine,
    Et de moka l'on est coiffé ;
Jamais, sans le humer, on ne déjeûne ou dîne,
    Je veux détrôner le café.
Je veux qu'on l'abandonne au sortir de la table ;
    A son parfum le mien est préférable,
Et j'ai, de plus que lui, de rares qualités ;
En France, comme ailleurs, des succès mérités
    Agrandiront ma renommée ;
Elle doit envahir quelque jour l'univers !

---

(1) Nom que prennent les empereurs de la Chine.

Cette œuvre immense consommée,
De nouveau traversant les mers,
J'irai, noble fils de l'Asie,
Offrir à la mère patrie
Un grand nom, précurseur des trésors inouïs,
Dans mes excursions conquis,
Tel est mon désir, ma commère,
Tel aussi doit être le tien ?
Voyageons, explorons toute terre étrangère,
C'est de nous illustrer l'infaillible moyen.
Au moment des adieux, je te dirai, ma chère,
Ce que j'ai retenu d'un très sage entretien :
Un mandarin savant et forte tête,
Dont on sollicitait et suivait les avis,
Répondait gravement à ceux de ses amis
Qui d'un meilleur destin demandaient la recette :
Pour le bien que je vous souhaite,
Voyagez, vous serez partout bien accueillis
Pour votre haut mérite. Allez... *Dans son pays,*
Nul n'est jamais un grand prophète.

P. J. CHARRIN,
Membre titulaire.

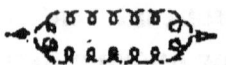

LE CHIENDENT.

Air de *Calpigi,*
ou : *On dit que je suis sans malice.*

« Les jours de juillet sont superbes,
« Allons nous vautrer dans les herbes !
(A dit un enfant du Caveau),
En chœur on répéta : bravo !
De fleurs couronnons notre tête,
La poésie est de la fête...
FESTEAU ! (m'a dit le Président)
Pare ta muse de *chiendent.*

La couronne d'apothicaire
Sied à ma muse prolétaire ;
Au-dessus du sanglant laurier,
Je mets l'habitant de l'herbier ;
Il se peut qu'un jour il me serve,
Aussi, je le tiens en réserve,
Afin d'orner tout Prétendant
D'une couronne de *chiendent.*

Du *chiendent* sait-on l'origine ?
Moi, voilà ce que j'imagine :

« L'olympe un soir au cabaret
« Créa PANDORE et son coffret,
« Dans ce coffre extraordinaire
« On mit tous les biens de la terre ;
« Jupiter, en homme prudent,
« Y glissa des brins de *chiendent.* »

Le *chiendent* est très salutaire,
Je lis dans mon dictionnaire :
« Ce gramen est fort laxatif,
« *Pour les chiens c'est un vomitif.* »
Au coin des bornes la police
Devrait, par prudence et justice,
Pour les *bassets* qui vont rôdant
Jeter des paquets de *chiendent.*

J'ai connu certaine coquette
Se ruinant par la toilette,
Si bien qu'un jour à Charenton
Son époux l'envoya (dit-on) ;
Là, je la vis en camisole,
Avec orgueil, la pauvre folle,
Sur un béret d'un jaune ardent
Portait un balai de *chiendent !*

Novice coureur de ruelles,
Qui poursuis certaines donzelles
Aux yeux vifs, aux appas coquets,
Crains le jour trompeur des quinquets !

A bien des dangers tu t'exposes !
Auprès des lys, auprès des roses,
Dans les boudoirs, jeune imprudent,
VÉNUS fait pousser du *chiendent*.

Quand péniblement je me traîne,
Quand je souffre d'une migraine,
Quand le docteur, l'œil en dessous,
Me parle en me tâtant le pouls ;
Malgré ses fleurs de rhétorique,
Sa science pharmaceutique,
Dans son parlage transcendant
Je vois serpenter le *chiendent*.

Louis FESTEAU,
Membre honoraire.

LE THYM.

Air du *Protecteur*.

Thym, pauvre solitaire
 Aux rameaux si fleuris,
Étends sur la jachère
 Au sol de pierre,
 Ton odorant tapis.

Lorsque de la montagne,
Les zéphirs caressants,
Soufflent sur la campagne
Ton balsamique encens,
L'âme poétisée
Sans douleur et sans fiel,
Par ton parfum bercée,
Semble rêver du ciel.

Thym, pauvre solitaire
Aux rameaux si fleuris,
Etends sur la jachère
   Au sol de pierre,
Ton odorant tapis.

C'est toi, dont la fillette
Sait faire un talisman,
Lorsqu'elle veut coquette
Captiver un amant.
Et quand ta fleur se glisse
Rosée en ses cheveux,
Tu te fais le complice
De ses jolis yeux bleus.

Thym, pauvre solitaire
Aux rameaux si fleuris,
Etends sur la jachère
   Au sol de pierre,
Ton odorant tapis.

C'est toi, dans les clairières,
Protecteur des lapins,
Qui voiles leurs mystères
D'amour et de festins.
Par toi, l'active abeille
Ajoute à son trésor,
Et remplit sa corbeille
D'un miel aux rayons d'or.

Thym, pauvre solitaire
Aux rameaux si fleuris,
Etends sur la jachère
   Au sol de pierre,
Ton odorant tapis.

Quand au matin, l'aurore
Montre un front radieux,
Ta fleur recèle encore
Une larme des cieux ;
Tu revets l'humble terre
D'un manteau scintillant,
Réflétant la lumière
Comme le diamant.

Thym, pauvre solitaire
Aux rameaux si fleuris,
Etends sur la jachère
   Au sol de pierre,
Ton odorant tapis.

Lorsque nos ménagères
Pour te joindre au laurier,
T'arrachent aux lisières
De l'agreste sentier;...
Tu viens dans nos cuisines
Pour relever le ton,
Des salmis, des terrines,
Des pâtés, du jambon.

Thym, pauvre solitaire
Aux rameaux si fleuris,
Etends sur la jachère
   Au sol de pierre,
Ton odorant tapis.

Excitant, tu fais naître
La soif dans nos palais,
Par toi, le vin en maître
Commande les couplets ;
Couplets intarissables
Rajeunissant le cœur,
Et qui font qu'à nos tables
Vient s'asseoir le bonheur.

Thym, pauvre solitaire
Aux rameaux si fleuris,
Etends sur la jachère
   Au sol de pierre,
Ton odorant tapis.

MAHIET DE LA CHESNERAYE,
Membre titulaire.

LE GAZON.

Air du Vaudeville *de Fanchon.*

Amant de la nature,
Pour chanter la verdure,
Je veux employer tous les tons,
Et contre ma coutume,
Auteur de contes fort lurons,
Tout en prenant ma plume,
Je me suis dit : gazons.

Sur le premier théâtre,
Dont je suis idolâtre,
Rachel attire avec raison ;
Mais ne vous en déplaise,
Je voudrais en toute saison,
Sur la scène française,
Retrouver *Dugazon.*

La chevelure assomme
Le front de ce jeune homme,
Mais le coiffeur en a raison ;
Pour alléger sa charge
Plus tard quand il se fait grison ;
C'est le temps qui se charge
De faucher son gazon.

Ce n'est qu'une vétille,
Lorsqu'une jeune fille
Se laisse choir dans un salon ;
Quand l'amour la pourchasse,
Il est moins dangereux, dit-on,
De glisser sur la glace
Que sur un frais gazon.

En cueillant la cerise,
Colin avec Élise,
Voulait user de trahison ;
Une branche l'arrête,
La chose changea de façon !
Il tomba sur la tête
Et foula le gazon.

Dans nos beaux jours l'herbette
Nous servait de couchette :
T'en souviens-tu, bonne Lison...
Mais quand on a notre âge,
Tu conviendras qu'un édredon
Est d'un plus doux usage
Qu'un tapis de gazon.

Autant que le caprice,
Aveugle est la justice,
Du bon sens faisant abandon...
Pour un fou l'on dispose

Un marbre enrichi de blason,
Quand le sage repose
Sous un peu de gazon.

Quand certain mal me gêne,
Je me sens sous un chêne,
Plus à l'aise qu'à la maison ;
A l'ombre du mystère,
Sans vous en donner la raison,
Je dérobe à la terre
Quelques brins de gazon.

Le sujet que je traite
Nourrit plus d'une bête :
Retenez bien cette leçon ;
Si je suis pris en traître
Et que vous blâmiez ma chanson,
Je vous enverrai paître,
Paître avec mon gazon.

TOIRAC,
Membre associé.

LE PLANTAIN.

Air du *Verre*.

Il faut donc sur un *mot donné*
(Le Caveau n'admet pas d'excuse),
Que, chansonnier infortuné,
Je fasse herboriser ma muse.
D'un rude échec je suis certain ;
D'ailleurs un gros rhume me fâche :
Il me faut chanter le *plantain*,
J'eusse préféré la bourrache.

Que chacun me soit indulgent,
Voyez mon embarras, ma peine ;
Maudite herbe de la Saint-Jean,
Ici tu me mets hors d'haleine !
Hélas ! que ne suis-je un serin...
De ceux que l'on retient en cage :
Je célébrerais le *plantain*
Dans un mélodieux ramage.

Mais de ce séduisant oiseau
Je n'ai pas la voix, le plumage ;
Puis sa couleur est le drapeau
Qu'on arbore en plus d'un ménage.

Pleurant du soir jusqu'au matin
Sur ce mot bizarre et maussade,
Je fais usage du *plantain*
Pour soulager mon œil malade.

Que pourrai-je vous dire encor
Sur mon sujet pharmaceutique ?
Glissons-le, par un bel effort,
Dans un morceau patriotique...
Nos flottes, sur un bord lointain,
Feront un échange comique :
Le Russe aura *l'eau de plantain*,
Le Français *l'eau de la Baltique.*

Herboriser me plaît fort peu,
J'aime mieux faire la vendange ;
Esculape n'est pas mon dieu,
Mais j'adore celui du Gange.
Vous qui possédez des terrains,
N'allez pas de vos mains indignes
Planter de stupides *plantains*,
De par Bacchus, plantez des vignes !

QUÆRBERT,
Membre associé.

TABLE DES MATIÈRES.

                                      Clé du Cav. Pages.

ALBERT MONTÉMONT, Membre honoraire.

La Mélisse 794   44

DE BERRUYER, Membre honoraire.

Le Houblon . . . . »   23

CABARET DUPATY, Membre correspondant.

L'Ivraie 205   15

DE CALONNE, Membre honoraire.

Le Chardon . . . . »   36

CHARRIN, Membre titulaire.

La Sauge et le Thé . . . . »   64

CHARTREY, Membre titulaire.

L'Oseille . . . . »   38

DESAUGIERS, Membre honoraire.

La Moutarde 633   8

Clé du Cav. Pages.

DUPLAN, Membre titulaire.
Le Serpolet .... » 57

FESTEAU, Membre honoraire.
Le Chiendent 280 68

FOURNIER, Membre titulaire.
Le Mouron 1844 59

GIRAUD, Membre titulaire.
L'Absinthe 1273 20
La Lavande 1644 32

GISQUET, Membre titulaire.
La Marjolaine .... » 29

GUILLOIS, Membre associé.
Le Pissenlit.................. 1819 47

JAYBERT, Membre associé.
Le Plantain................... » 77

JUSTIN CABASSOL, Membre titulaire.
Impromptu.................... 342 3
La Ciguë...................... » 50
Le Cresson 33 26

LAGARDE, Membre titulaire.
Préface....................... 249 53
Le Foin....................... 1824 54

Clé du Cav. Pages.

LESUEUR, Membre honoraire.

Le Cresson 33   26

MAHIET DE LA CHESNERAYE, Membre titulaire.

Le Thym....................... 205   70

PROTAT (Louis), Membre titulaire.

Les Herbes de la Saint-Jean 1916   4
La Mousse...................... 1347   17

SALIN, Membre honoraire.

La Verveine.................... 1113   40

THOREL St-MARTIN, Membre titulaire.

La Chicorée.................... 105   62

TOIRAC, Membre associé.

Le Gazon 722   74

VAN CLEEMPUTTE, Membre titulaire.

La Mauve 584   12

Imp. de Appert et Vavasseur, passage du Caire, 54.

www.ingramcontent.com/pod-product-compliance
Lightning Source LLC
LaVergne TN
LVHW050616090426
835512LV00008B/1514